Arena-Taschenbuch
Band 50193

KNISTER,
geboren 1952, lebt in Wesel.
KNISTER schreibt Bücher,
macht Musikkassetten und CD-ROMs.
Verrückt, lustig und spannend. Immer!
Lieblingsfarbe: BUNT.
Lieblingsessen: Spaghetti zu jeder Tageszeit.
Hobby: In einer Rockband spielen.
Sternzeichen: Frosch oder so ähnlich.

Birgit Rieger
ist im Harz aufgewachsen, wo sich bekanntermaßen
die Hexen scharenweise tummeln. Kein Wunder,
dass sie Lilli gleich in ihr Herz geschlossen hat, als
sie 1992 zum ersten Mal von ihr las. Inzwischen
haben Birgits Hexe-Lilli-Zeichnungen die Kinder auf
der ganzen Welt verzaubert.
Außer ihrem Beruf liebt die Grafikerin ihren frechen
roten Tigerkater und das Verreisen (wie Lilli!).
Sie lebt mit ihrem Mann in Berlin.

KNISTER

Hexe Lillis
lustigste
Scherzfragen

Mit Zeichnungen und einem Daumenkino
von Birgit Rieger

Krötenpups
und Drachenblut,
dieses Buch ist
wirklich gut!

Arena

1. Auflage als Originalausgabe
im Arena-Taschenbuchprogramm 2010
© 2010 Arena Verlag GmbH, Würzburg
Alle Rechte vorbehalten
Umschlag- und Innenillustrationen: Birgit Rieger
Layout und Satz:
anja marschhäuser · tomilom design · www.tomilom.de
Umschlagtypografie:
knaus. büro für konzeptionelle und visuelle identitäten, Würzburg
Gesamtherstellung:
Westermann Druck Zwickau GmbH
ISSN 0518-4002
ISBN 978-3-401-50193-2

www.arena-verlag.de

Inhaltsverzeichnis

Von Kleinvieh
und Dickhäutern 7

Von Natur pur 29

Von Schlemmer-
speisen und
Sprudellimo 51

Von Land
und Leuten 73

Von allerlei
Verrücktem 95

Von Kleinvieh und Dickhäutern

Lilli fragt ihren kleinen Bruder Leon: „Was macht der kleine Elefant, wenn er nicht mehr vom Baum herunterkommt?"

Leon antwortet: „Er setzt sich auf ein Blatt und wartet, bis der Herbst kommt."

Was ist bei der Mücke genauso groß wie beim Motorrad?

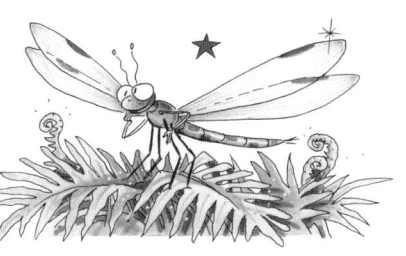

Das M!

Welches Tier braucht nachts keine Taschenlampe?

Das Glühwürmchen

Warum haben Elefanten so einen langen Rüssel?
Damit sie Giraffen einen Kuss geben können!

Auf einem Baum sitzen dreizehn Spatzen. Wie viele bleiben sitzen, wenn drei abgeschossen werden?
Keiner, die restlichen zehn fliegen weg.

Klar weiß Lilli, wie der schlaueste Wurm heißt. Du auch?
Bücherwurm

**Was ist grau, schäumt vor Seife
und dreht sich immer im Kreis?**
Ein Elefant in der Waschmaschine!

**Welches Schwein kann nicht
grunzen?**
Das Meerschweinchen

**Leon fragt Lilli: „Welches Tier
sieht aus wie ein Storch und ist
keiner?"**
Natürlich weiß Lilli die Antwort: „Die
Störchin."

Wie bringt man einen Elefanten in den Kühlschrank?

Kühlschranktür auf, Elefant rein, Kühlschranktür zu!

Wie bringt man eine Giraffe in den Kühlschrank?

Kühlschranktür auf, Elefant raus, Giraffe rein, Kühlschranktür zu!

Im Wald findet eine Tierversammlung statt. Wer fehlt?

Die Giraffe, die sitzt ja noch im Kühlschrank.

Mona hat eine Pferdefrage für Lilli:

Welche Pferde können nicht wiehern?

Das Seepferdchen und das Heupferdchen

Welches Huhn legt keine Eier?

Das Suppenhuhn

Drei Entchen schwimmen im See. Das erste Entchen sagt: „Vor mir schwimmt kein Entchen und hinter mir schwimmen zwei Entchen."

Das mittlere Entchen sagt: „Vor mir schwimmt ein Entchen und hinter mir schwimmt ein Entchen."

Das hinterste Entchen sagt: „Vor mir schwimmen zwei Entchen und hinter mir schwimmt ein Entchen."

Frage: Wie geht das?

Antwort: Das hinterste Entchen lügt!

Lilli zu Hektor: „Wie umarmen sich zwei
Stachelschweine?"
Hektor zuckt die Schultern. Da sagt
Lilli: „Ganz vorsichtig."

**Woran erkennt man, dass ein
Elefant im Kühlschrank war?**
An den Fußspuren in der Butter

**Warum ziehen Fische Salzwasser
vor?**
Weil sie bei Pfeffer niesen müssen

Welche Bären brummen nicht?
Die Gummibärchen

Welcher König kann fliegen?

Der Zaunkönig

Ein Elefant geht ins Schwimmbad. Wie kommt er wieder raus?

Nass!

Welcher ist der eitelste Vogel?

Der Hahn, er hat immer einen
Kamm dabei.

Welchen Ausruf hört der Hai am liebsten?

„Mann über Bord!"

Warum schließt der Hahn beim Krähen die Augen?

Weil er alles auswendig kann

Warum können Schweine nicht Rad fahren?

Weil ihnen der Daumen zum Klingeln fehlt

Heute hat Lilli eine besondere Fangfrage für Mama:

„Wie viele Kängurus hat Moses mit auf die Arche genommen?"

Mama grübelt. Da sagt Lilli: „Es war nicht Moses, sondern Noah!"

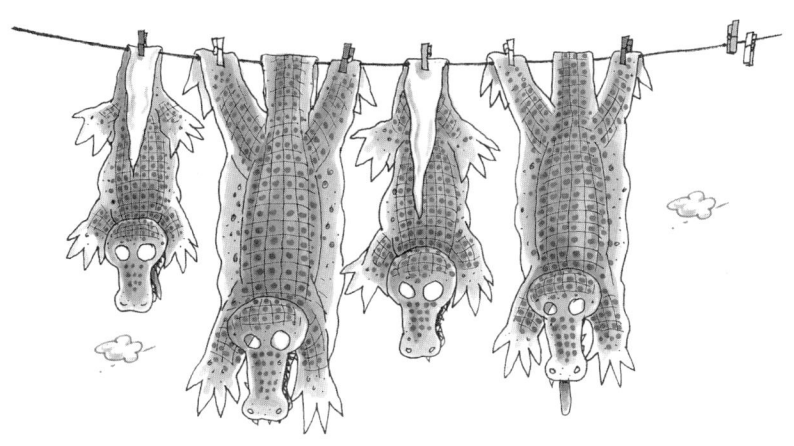

Wer weiß, wie lange Krokodile leben?
Genau so lange wie kurze!

Was hat ein Storch, der im Misthaufen landet?
Kotflügel

Warum malen Elefanten sich die Fußnägel rot an?

Damit sie sich besser im Kirschbaum verstecken können

Hast du schon einmal einen Elefanten im Kirschbaum gesehen?

Nein? Da siehst du mal, wie gut die sich verstecken können.

Welcher Frosch mag kein Wasser?

Der Knallfrosch, denn dann explodiert er nicht.

Was sagt ein Uhu mit Sprachfehler?

Aha!

Was sagt die Maus, als der Elefant versehentlich auf sie draufgetreten ist?

„Das macht doch nichts, das hätte mir auch passieren können."

Warum kann ein Elefant nicht Schlittschuh laufen?

Er hat keine Finger, um die Schnürsenkel zu binden.

Welcher Hahn kräht nicht?
Der Wasserhahn

Hektor fragt Lilli: „Warum hat das Nilpferd rote Socken an?"
Lilli weiß die Antwort: „Weil seine grünen nass sind."

Warum schwimmt das Nilpferd auf dem Rücken?
Weil es nicht auch noch seine roten Socken nass machen will

Welche Zeit ist es, wenn ein Elefant auf dem Gartentor sitzt?
Zeit für ein neues Gartentor

**Was ist die beste Eigenschaft
beim Huhn?**
Dass es die Eier legt und nicht wirft!

Wo schlafen Fische?
Im Flussbett

Wo findet man Elefanten?
Kommt darauf an, wo man sie
verloren hat.

**Warum ist es unmöglich, einen Löwen in
einem leeren Sack von München nach
New York zu transportieren?**
Weil der Sack nicht mehr leer ist,
wenn der Löwe drin ist.

Was ist schwarz und hat zwei Beine?
Ein Rabe

**Und was ist schwarz
und hat vier Beine?**
Zwei Raben

**Und was ist schwarz
und hat sechs Beine?**
Eine Fliege

**Was kommt heraus, wenn man
einen Elefanten mit einem
Tausendfüßler kreuzt?**
Ein Erdbeben

Jonas fragt Lilli: „Wieso trombeten Elefanten?"

Lilli kichert: „Vielleicht, weil sie so schlecht Geige spielen können?"

Warum können Fische nicht sprechen?

Weil sie das Maul voll Wasser haben

Was ist grau und leuchtet?

Ein elektrischer Elefant

Welcher Vogel kann seinen Namen sagen?

Der Kuckuck

Welcher Vogel hat keine Federn?

Der Spaßvogel

Was steht vor dem Eiffelturm in Paris und trompetet?

Ein Elefant im Urlaub

Was kommt heraus, wenn man einen Elefanten mit einer Spinne kreuzt?

Das merkst du, wenn es über das Dach krabbelt.

Was kommt heraus, wenn man Elefanten mit Motten kreuzt?

Riesige Löcher im Pullover

Wie bekommt man vier Elefanten in ein Auto?

Zwei vorne, zwei hinten

Wie bekommt man vier Giraffen in ein Auto?

Gar nicht, weil schon die vier Elefanten drinsitzen.

Lilli zu Andreas: „Warum trinken Mäuse keinen Alkohol?"

Andreas weiß es: „Weil sie Angst vorm Kater haben."

Wann fangen junge Gänse an zu schwimmen?
Wenn sie im Wasser nicht
mehr stehen können

Wenn ein Hahn auf der Mitte eines spitzen Hausdaches sitzt und ein Ei legt, in welche Richtung rollt es herunter?
Ein Hahn legt keine Eier.

Das ist Leons Lieblings-Scherzfrage:
Was ist das? Es macht „mus-mus" und fliegt herum.
Eine Biene im Rückwärtsgang

Lilli staunt: Es gibt tatsächlich ein Tier, welches sein ganzes Leben lang Geburtstag hat. Welches ist es?

Die Eintagsfliege

Warum hat der Schwan einen so langen Hals?

Damit er bei Hochwasser nicht ertrinkt

Was ist beim Fuchs vorne, beim Elefanten in der Mitte und beim Wolf hinten?

Natürlich der Buchstabe F.

Welches Tier fährt auch über Straßen?

Der Jaguar

Welcher Löwe kann sehr gut schwimmen?

Der Seelöwe

Von Natur pur

Was ist eine Erdbeere?

Eine Kirsche mit Gänsehaut

Lilli hat eine Frage für Jonas:
„Sieben Heuhaufen werden mit
zwölf weiteren zusammengetan.
Wie viele Haufen gibt das?"
Jonas überlegt kurz,
dann weiß er die
Antwort: „Einen."

In welchem Wald gibt es kein Laub?

Im Nadelwald

Wer schießt auch ohne Gewehr?

Der Salat

Welche Kuh steht nie im Stall?

Die Seekuh

Andreas fragt Lilli: „Wem verdanken Sonne und Sterne ihren Anfang?"

Lilli weiß es: „Ist doch klar, dem S."

Welches Jahr dauert nur drei Monate?

Das Frühjahr

Was ist ein Erwachsener?
Ein Mensch, der nur noch in die
Breite wächst.

**Welches Schwein wird
niemals zu Wurst
verarbeitet?**
Das Stachelschwein

**Was hat zwei Griffe, ein Rad und
stinkt?**
Eine Schubkarre voller Mist

Was steht zwischen Berg und Tal?
Und

Warum kann es niemals zwei Tage lang ununterbrochen regnen?

Weil zwischen zwei Tagen immer eine Nacht kommt

Warum ist der Frühling die gefährlichste Jahreszeit?

Weil die Sonne sticht, die Bäume ausschlagen und der Rasen gesprengt wird!

Was ist, wenn der Schornsteinfeger in den Schnee fällt?

Winter

Wie schreibt man getrocknetes Gras mit drei Buchstaben?

H-E-U

Kennst du den Unterschied zwischen einem Heuwagen und einer Zigarette?

An einem Heuwagen ziehen zwei Ochsen.

Lilli fragt Mona: „Welche Blume blüht nur im Winter?"

Mona weiß die Antwort: „Die Eisblume."

Wer steht abends auf und geht morgens ins Bett?
Der Mond

**Lilli hat eine Frage für Leon:
„Welche Hosen sind gefährlich?"**
Leon zuckt die Schultern. Da sagt
Lilli: „Die Windhosen."

Welcher Baum kann nicht wachsen?
Der Purzelbaum

Mama fragt Lilli: „Welchen Pilz kann man nicht pflücken?"

Lilli antwortet: „Den Glückspilz."

Lilli hat herausgefunden, wie man Wasser am Stück tragen kann. Weißt du es auch?

Als Eis

Welchen Spiegel braucht man nicht zu reinigen?

Den Wasserspiegel

Was fällt durch ein Fenster, ohne es zu zerbrechen?

Der Sonnenschein

Welcher Zahn kann nicht beißen?

Der Löwenzahn

Lilli fragt Andreas: „Warum ist in der Milch Fett enthalten?"

Andreas lacht und antwortet: „Damit es beim Melken nicht quietscht."

Welchen Garten braucht man nicht zu gießen?

Den Kindergarten

Was ist das Gegenteil von Frühlingserwachen?

Spätrechtseinschlafen

Welche Rosen haben keine Dornen?

Die Matrosen

Was brennt Tag und Nacht, ohne auszubrennen?

Die Brennnessel

Was liegt immer im Bett und gibt doch keine Ruh?

Der Fluss

Wer fällt, ohne sich zu verletzen?

Der Schnee

Wer reist ständig kostenlos um die Welt?

Der Mond

Was dreht sich stets um seine eigene Achse und wird nicht schwindelig?

Die Erde

Was will jeder werden, aber nicht sein?

Alt

Welches Laub fällt nicht vom Baum?

Urlaub

Welche Köpfe haben weder Ohren noch ein Gehirn?

Kohlköpfe

Was kann man mit eigenen Augen sehen, aber nicht mit den Händen berühren?

Den Regenbogen

Leon zu Lilli: „Warum sieht der Mond immer so blass aus?"
Lilli antwortet: „Vielleicht, weil er sich nie in der Sonne bräunen kann?"

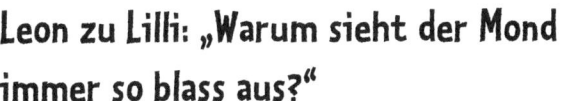

Warum bekommen Schuhabsätze mit der Zeit schiefe Absätze?
Weil die Erde rund ist

Was ist Botanik?

Wenn etwas wächst

Was ist Zoologie?

Wenn etwas herumläuft

Was ist Chemie?

Wenn etwas stinkt

Wo ist das Meer am tiefsten?

Am Meeresboden

Welchen Wurm findet man in keinem Garten?

Den Bücherwurm

Welches Auge kann fliegen?

Das Pfauenauge

Wo kannst du immer eine helfende Hand finden?

Am Ende eines Armes

Was ist, wenn ein Mann auf einen Baum klettert?

Einer weniger auf der Erde

PLOPP

Und was ist, wenn ein zweiter Mann auf denselben Baum klettert?

Einer mehr auf dem Baum

Was ist, wenn ein dritter Mann auf den Baum klettert?

Dann kracht der Ast.

Das ist Andreas' Lieblings-Scherzfrage:

Woran erkennt man, dass der Mond bewohnt ist?

Daran, dass Licht brennt.

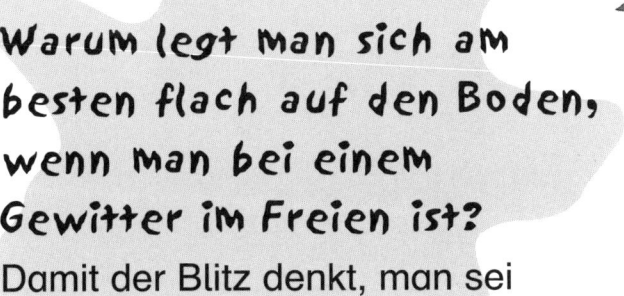

Warum legt man sich am besten flach auf den Boden, wenn man bei einem Gewitter im Freien ist?

Damit der Blitz denkt, man sei schon tot.

Warum ist der Mond immer so blass?

Weil er nachts nicht schlafen kann

Was ist der Unterschied zwischen einem Blitz und einem Pferd?

Der Blitz schlägt ein, das Pferd aus.

Woran merkt man, dass Ebbe ist?

Wenn es beim Rudern staubt!

Lilli fragt Mama: „Mit welcher Nadel kann man nicht nähen?"
Mama weiß die Antwort: „Mit der Tannennadel."

Was geht in einem fort um die Kastanie?
Die Rinde

Welches Wasser kann man nicht einfrieren?
Heißes Wasser

Wer hat Augen und kann doch nichts sehen?
Die Kartoffel

Was hört alles und sagt kein Sterbenswörtchen?

Das Ohr

Es hat einen Rücken, kann aber nicht liegen. Es hat zwei Flügel, kann aber nicht fliegen. Es hat ein Bein, kann aber nicht gehen.

Die Nase

Lilli hat eine Fangfrage für Leon: Wann wird Heu gemäht?

Nie, denn gemäht wird nur Gras.

**Das ist die Lieblingsscherzfrage
von dem verfressenen Klein-
flugdrachen Hektor:
Wo geht nachts das Licht hin?**
Schau doch mal im Kühlschrank
nach.

**Welcher Mann hat Angst vor der
Sonne?**
Der Schneemann

In welcher Schule lernt man nichts?

In der Baumschule

Welcher Stein kann rauchen?

Der Schornstein

Welches Glöckchen gibt keinen Laut?

Das Maiglöckchen

Von Schlemmer-speisen und Sprudellimo

Lilli zu Mona: „Was ist schlimmer als ein angebissener Apfel mit einem Wurm?"

Mona antwortet: „Ein angebissener Apfel mit einem halben Wurm."

Welche Birne kann man nicht essen?

Die Glühbirne

Was kommt heraus, wenn man einen Tausendfüßler mit einem Schwein kreuzt?

Tausend Schweinshaxen

Welche Äpfel wird man nie beim Obsthändler finden?

Pferdeäpfel

Warum legt ein Kind Zuckerwürfel abends unter sein Kopfkissen?
Weil es süße Träume haben will

Mona hat eine knifflige Frage für Lilli:
Wie viele Erbsen gehen in ein Glas?

Gar keine, denn Erbsen können nicht gehen.

Welcher Tom ist rot?
Die Tomate

Wer kann ohne Nase riechen?

Der Käse

Wie viele Eier kann der Riese Goliath auf nüchternen Magen essen?

Eins, danach ist er nicht mehr
nüchtern.

Warum fressen die weißen Schafe mehr als die schwarzen?

Es gibt einfach mehr weiße Schafe.

Wer hat es bequemer, der Kaffee oder der Tee?

Der Kaffee, denn er
kann sich setzen,
der Tee muss ziehen.

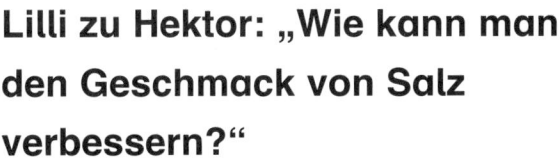

Lilli zu Hektor: „Wie kann man den Geschmack von Salz verbessern?"

Hektor antwortet: „Indem man
Pommes frites dazugibt."

Mit welchem Topf kann man nicht kochen?

Mit dem Blumentopf

Wie nennt man einen, der nur von Obst und Gemüse lebt?

Obst- und Gemüsehändler

Andreas fragt Lilli: „Warum kann man mit einem Wurstbrot nicht telefonieren?"

Lilli antwortet grinsend: „Weil es belegt ist."

Wer frisst sogar Eisen?

Der Rost

Welcher Braten ist völlig ungenießbar?

Der Satansbraten

Welche Nuss schmeckt niemandem?

Die Kopfnuss

Welches Brot kann man am Morgen nicht essen?

Das Abendbrot

In welche Gläser kann man am besten einschenken?

In leere

Klar weiß Hektor, wozu der Hering
gehört. Du auch?

Zu den Pellkartoffeln

Wann ist Butter am lustigsten?

Wenn sie ausgelassen ist

**Was wird zuerst verlesen
und danach verspeist?**

Weintrauben

**Wann werden Kinder zu
Menschenfressern?**

Wenn es Hamburger zu essen gibt

Was hat keinen Anfang, aber zwei Enden?

Die Wurst

Wann erkennt man bei einer Wurst, wo der Anfang und wo das Ende sind?

Wenn man abgebissen hat

Welchen Kuchen kann man nicht essen?

Pustekuchen

Lilli hat eine Mathematikfrage für Jonas:

Ein Ei braucht zehn Minuten, bis es hart gekocht ist. Wie lange brauchen zwei Eier?

Auch zehn Minuten

Was ist grün, hat zwei knallrote Streifen und dreht sich im Kreis?

Eine Gurke mit knallroten Hosenträgern im Karussell

Was ist blau, hat zwei knallrote Streifen und dreht sich im Kreis?

Eine Gurke im blauen T-Shirt mit knallroten Hosenträgern im Karussell

Was ist weiß, hat zwei knallrote Streifen und dreht sich im Kreis?

Eine Gurke mit knallroten Hosenträgern, der vom vielen Karussellfahren schlecht geworden ist.

**Das ist Jonas' Lieblings-Scherz-
frage:**

**Wie verteilt man 17 Äpfel gerecht
auf fünf Kinder?**

Man macht Apfelmus.

**Was ist, wenn jemand Kalten Hund
isst?**

Kaffeezeit

(Kalter Hund ist ein Kuchen.)

**Was kann man auf Dauer nicht
essen?**

Nichts

Mama zu Lilli: „Zu welcher Zeit setzt sich jeder Mensch?"

Lilli weiß es: „Zur Mahlzeit."

Klar weiß Lilli, welches Tier sich im Kaffee versteckt. Du auch?

Der Affe

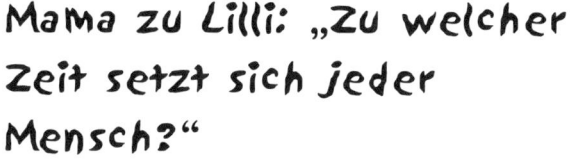

Welcher Käse wird nicht aus Milch gemacht?

Der Fleischkäse oder Leberkäse

Was sagt ein Löwe, wenn er einen Ritter in seiner Rüstung sieht?

„Oje, heute gibt es schon wieder Dosenfutter."

Wer trägt stets seinen Löffel mit herum?

Der Hase

Womit fängt das Brot an?

Mit dem Knust, Renft, Randstück
(oder wie auch immer es in eurer Region heißt)

Lilli hat zehn Kirschen. Wie oft kann sie von den zehn eine Kirsche essen?

Einmal, denn dann hat sie ja nur noch neun Kirschen.

Was ist Draculas Lieblingsobst?

Blutorangen

Welche Watte kann man essen?

Zuckerwatte

Je mehr es bekommt, desto gefräßiger wird es. Was ist das?

Das Feuer

Rührt man Kaffee mit Milch und Zucker am besten mit der rechten oder mit der linken Hand um?

Weder noch, am besten nimmt man einen Löffel.

Welche Jagd ist für Tiere ungefährlich?

Die Schnitzeljagd

Wann schmecken die kleinen Kartoffeln am besten?

Wenn keine großen mehr da sind

Wie kann man ein Glas Limo austrinken, ohne es zu berühren?

Mit einem Strohhalm

Warum kaufen Kinder sich eigentlich Eis?
Weil sie es nicht umsonst bekommen

Lilli fragt Andreas: „Welchen Keks kann man nicht essen?"
Andreas grübelt. Da sagt Lilli: „Den Scherzkeks."

Wer hat sein Herz im Kopf?
Der Kopfsalat

In welcher Küche wird nicht gekocht?
In der Gerüchteküche

Welche Milch ist nicht schlank?

Die Dickmilch

Welche Locke findet man auf keinem Kopf?
Die Schillerlocke

Welcher Strudel ist völlig ungefährlich?

Der Apfelstrudel

Was wird nicht gar, obwohl es immer wieder gekocht wird?

Die Kochwäsche

Welcher Peter ist grün?

Petersilie

Welche Tomaten kann man nicht essen?

Die Automaten

Welches ist der beste Rat?
Der Vorrat

Welche Ellen kann man essen?
Die Sardellen

Lilli fragt Jonas: „Was macht die Kuh, wenn sie ihr Euter schüttelt?"
Jonas überlegt. Da sagt Lilli: „Milchshake."

Wer hat einen Bauch, aber keinen Rücken?
Die Teekanne

Welche Feigen sind bitter?
Die Ohrfeigen

Was stirbt, wenn es etwas zu trinken bekommt?
Das Feuer

Was macht der Glaser, wenn er kein Glas hat?
Er trinkt aus der Flasche.

Von Land und Leuten

Andreas zu Lilli: „Was gibt es in der Wüste massenweise?"
Lillis Antwort: „Parkplätze!"

Welche Stadt steht auf dem Tisch?
Essen

Wer kann alle Sprachen sprechen?
Das Echo

Wo gibt es in Frankreich die meisten Schlösser?
An Türen und Schubladen

Was passiert mit einem roten Stein, den man ins Schwarze Meer wirft?

Er wird nass.

Wie kann man einen Dummhausener stundenlang beschäftigen?

Man nimmt ein Blatt Papier und schreibt auf beide Seiten „Bitte wenden!".

Was macht ein fauler Jamaikaner, wenn er Lust auf Kokosnüsse hat?

Er bringt seine Frau auf die Palme.

Warum leben Eskimos so lange?
Weil sie nicht ins Gras beißen
können

**Wie nennen
Kannibalen
ein Skelett?**
Leergut

**Welches Land hat die schmalsten Wege
und Straßen?**
England

**Wie heißt die Hauptstadt der USA:
New York oder Los Angeles?**
Sie heißt Washington.

Was machen die Regensburger bei Regen?

Sie lassen es regnen.

Warum blicken die Schotten so oft über den Rand ihrer Brille?

Sie wollen verhindern, dass sich ihre Brillengläser so schnell abnutzen.

Was steht mitten in Paris?

Das r

Was sagt ein Eskimo, der vor seinem Besucher die Kühlschranktür öffnet?

„Hinein in die warme Stube."

Lilli hat eine schöne Erdkunde-
frage für ihren Drachen Hektor:
Welches Land ist auf keiner
Landkarte zu finden?

Das Schlaraffenland

**Warum haben in Schwaben so
viele Schweine ein Holzbein?**

Weil die Schwaben wegen einem
Eisbein nicht gleich das ganze
Schwein schlachten

Warum lächeln Dummhausener, wenn es
blitzt?

Sie glauben, dass sie fotografiert
werden.

Leon will von Lilli wissen, ob es stimmt, dass Köln vorne mit K und hinten mit h geschrieben wird.

Natürlich kann Lilli ihm helfen: „‚Köln' beginnt mit K und ‚hinten' mit h."

Warum gibt es in der Schweiz so viele Holzhäuser?

Weil sie die Steine für ihre vielen Berge aufgebraucht haben

Wann sagt ein Chinese „Guten Morgen"?

Wenn er deutsch sprechen kann

**Was sagte der Erbauer des Schiefen
Turms von Pisa vor Baubeginn?**

„Das wird schon schiefgehen."

*Lilli fragt ihren kleinen
Bruder Leon: „Womit spielen
Eskimos?"*

Leon grübelt. Da erklärt Lilli: „Mit
Eiswürfeln."

**Wie nennt man die Ureinwohner
der Sahara?**

Wüstlinge

Welcher Pass ist in jedem Land gültig?

Der Kompass

Was ist weiter weg: Afrika oder der Mond?

Afrika, den Mond kann man sehen.

Warum jagen die Eskimos am Südpol keine Eisbären?

Weil es dort keine Eisbären gibt

Welche Insel liegt nicht im Wasser?

Die Verkehrsinsel

Wie viele Leitern braucht man bis zum Mond?

Eine, sie muss nur lang genug sein.

Klar kennt Lilli die Mehrzahl von Sand. Du auch?

Wüste

Was versteht man unter einem Autobahnkreuz?

Kein Wort, denn es ist viel zu laut.

Welcher See ist länger als der Titisee im Schwarzwald?

Der Titicacasee in Südamerika; er hat vier Buchstaben mehr.

**Welche Stadt liegt ziemlich genau
3 333 km westlich vom Nordpol?**
Es gibt nichts westlich vom Nordpol.

**Drei Männer gehen über eine Brücke.
Keiner geht in der Mitte. Keiner geht
voran. Keiner geht hinten. Wie ist das
möglich?**
Sie heißen alle drei
Keiner mit Nachnamen.

**Was ist tiefer: Teller oder
Tasse?**
Oder

Lilli zu Andreas: „Was reist um die Welt und bleibt doch immer in einer Ecke?"

Andreas weiß es: „Die Briefmarke."

Welcher Wein wächst am Hang eines Vulkans?

Glühwein

Womit essen Chinesen ihren Fisch?

Mit Fischstäbchen

Nach welchen Bergen sehnen sich Wanderer?

Den Herbergen

Wo führen die Flüsse kein Wasser?

Auf der Landkarte

Welches Dorf ist eine Stadt?

Düsseldorf

Was haben die Einwohner von Amsterdam, Prag und Berlin, auf das die Einwohner von Kopenhagen, Oslo und London verzichten müssen?

Ein r

**Wie nennt man einen Grundstücks-
makler in der Antarktis?**

Eisverkäufer

**Ein Flugzeug stürzt genau
auf der Grenze zwischen
Deutschland und Frankreich
ab. Wo werden die
Überlebenden begraben?**

Nirgendwo, denn Überlebende
werden nicht begraben.

**Welche Sprache spricht man in
der Sauna?**

Schwitzerdeutsch

**Das ist Monas Lieblings-
Scherzfrage:
Auf welcher Straße ist noch
niemand gefahren?**

Auf der Milchstraße

Wie heißen die beiden längsten Frauen Nordamerikas?

Miss Issippi und Miss Ouri

(Der Mississippi und der Missouri gehören zu den
längsten Flüssen in Nordamerika.)

**Was läuft ohne Pass durch
fremde Länder?**
Die Straße

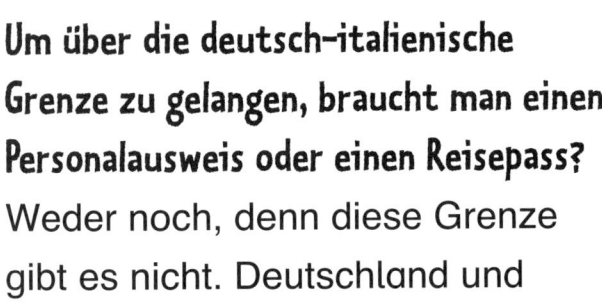

**Um über die deutsch-italienische
Grenze zu gelangen, braucht man einen
Personalausweis oder einen Reisepass?**
Weder noch, denn diese Grenze
gibt es nicht. Deutschland und
Italien grenzen nicht aneinander.

**Wo muss man stehen, wenn
man in alle Richtungen
schaut und dabei immer nach
Süden blickt?**
Am Nordpol

Lilli fragt Leon: „Wo liegen die Bermudas?"

Leon antwortet: „Da musst du Mama fragen, die räumt doch immer alles auf."

Wie sprechen Griechen am Wochenende über ihr Wetter?

Natürlich griechisch

In welchen Seen gibt es viel zu sehen?

In den Museen

Wo genießt der Feinschmecker Schweizer Schokolade?

Im Mund

Was war am 6. Dezember 1953 in der Schweiz?

Nikolaustag

Warum gibt es eine „Muttersprache", aber keine „Vatersprache"?

Weil Vater eh nichts zu sagen hat …

**Welches Volk hat eine Königin,
aber keinen König?**

Das Bienenvolk

**Wurde in Sydney mal ein
großer Mann geboren?**

Nein, bisher wurden nur kleine
Babys geboren.

**Warum lassen sich manche
Engländer nie ihren Ausweis
verlängern?**

Weil sie die jetzige Größe ganz
praktisch finden

Was für Haare hatten die alten Wikinger?

Graue, wie alle alten Menschen

Was hat vorne ein B, hinten ein B und dazwischen vier Räder?

Ein Auto aus Berlin

Lilli fragt Mama: „Was steht hinter der Münchner Frauenkirche?"

Mama überlegt. Da sagt Lilli: „Ein Fragezeichen!"

Kann ein Mann, der westlich von New York lebt, auch westlich vom Mississippi begraben sein?

Wie will er dort begraben sein – er lebt doch noch!

Kann man höher springen als das Empire State Building?

Ja klar, denn seit wann kann das Empire State Building springen?

Warum haben Züge immer Verspätung?

Damit die Warteräume nicht leer stehen

Welcher Berg war vor der Entdeckung des Mount Everests der höchste?

Der Mount Everest war auch vor seiner Entdeckung der höchste Berg.

Was hat ganz viele Zähne und kann doch nicht beißen?

Eine Säge

Leon fragt Lilli: „Was ist bunt und wird immer kürzer?"

Lilli weiß es: „Ein Buntstift."

Was sind Strümpfe mit 18 Löchern?

Golfsocken

Was ist sauber vor und schmutzig nach dem Waschen?
Wasser

Welche Leiter kann man nicht zum Kirschenpflücken verwenden?
Die Tonleiter

Welches Wort wird immer falsch geschrieben?
Falsch

Welche Motten gehören unbedingt in einen Kleiderschrank?
Die Klamotten

Warum läuft die Krankenschwester auf Zehenspitzen am Medizinschrank vorbei?

Sie will die Schlaftabletten nicht aufwecken.

Lilli hat eine Fußballfrage für Andreas:

Was ist der Unterschied zwischen einem Fußgänger und einem Fußballspieler?

Der Fußgänger geht bei Grün, der Fußballspieler geht bei Rot!

Welche Stelze ist nicht aus Holz geschnitzt?

Die Bachstelze

Was ist die brutalste Sportart?
Fußball, denn da wird geschossen
und geköpft.

Welcher Kater ist der schlimmste?
Der Muskelkater

**Welche Kerze
gibt kein Licht?**
Die Zündkerze

**Es gehört dir, doch die anderen
gebrauchen es öfter.**
Dein Name

Lilli kann fünf Wochentage aufzählen, in denen der Buchstabe A nicht vorkommt. Kannst du das auch?

Vorgestern, gestern, heute, morgen und übermorgen

Welcher Zug hat keinen Bahnhof?

Der Durchzug

Was ist grün und hüpft von Baum zu Baum?

Ein Jäger, der die Waldwege schont!

Welcher Bus hat keine Räder?

Der Globus

Lilli zu Jonas: „Was haben Mathe und eine verschmutzte Brille gemeinsam?"

Jonas zuckt die Schultern. Da sagt Lilli: „Keiner blickt durch."

Lilli hat eine knifflige Frage für Mona:

Was hat vier Buchstaben, beginnt mit „Po…" und man kann darauf sitzen?

Ein Pony, natürlich

Welche Brille verschreibt kein Augenarzt?
Die Klobrille

Warum ist Luft für die Menschen so wichtig?
Weil die Autoreifen damit aufgepumpt werden.

Was ist der Unterschied zwischen einem Fünf-Meter-Brett und einem Zehn-Meter-Brett?
Je höher, desto platsch!

Welcher Ring ist viereckig?
Der Boxring

Wer geht mit dir baden und wird nicht nass?
Dein Schatten

Wer hat Hühneraugen am Kopf?
Hühner

Was ist ein Geisterfahrer?
Ein höflicher Autofahrer, weil er sehr entgegenkommend ist.

Welche Bahn kommt nie zu spät?
Die Geisterbahn

Welches Haus hat keine Fenster?
Das Schneckenhaus

Wer ist der lauteste Peter?

Der Trompeter

Wer kann arbeiten, bis er schwarz wird?

Der Schornsteinfeger

Welches Gewicht will auch ein Dicker nicht verlieren?

Das Gleichgewicht

Was hat 21 Augen und sieht doch nichts?

Ein Würfel

**Mama fragt Lilli: „Wie kann man
Postbote ohne o schreiben?"**
Lilli antwortet: „Briefträger."

Warum reiten Hexen auf Besen?
Ein Staubsauger wäre zu schwer.

**Was läuft und kommt doch
nie an?**
Die Nase

Was ist, wenn Anna ins Wasser fällt?

Anna-nass

Wer ist das? Meiner Eltern Sohn und doch nicht mein Bruder.

Ich selber

Aus welchen Gläsern kann man nicht trinken?

Aus Brillengläsern

Der Vater von Marita hat fünf Töchter: Lala, Lele, Lili, Lolo und?

Marita

Auf welche Frage kann man nicht mit „Ja" antworten?

„Schläfst du schon?"

Andreas will von Lilli wissen, ob sie mit einem blauen Kugelschreiber rot schreiben kann.

Lilli grinst und antwortet: „Ja, klar, das Wort ‚rot'."

Was steht mitten in Rom?
Das o

Was ist gelb, hat 22 Beine und zwei Flügel?
Eine chinesische
Fußballmannschaft

Welcher Ring ist nicht rund?
Der Hering

Was ist Wind?
Luft, die es eilig hat.

Wie viele Buchstaben hat das ABC?
Drei

Was trägt seinen Namen auf dem Rücken?

Das Buch

Was ist fertig und wird doch immer wieder gemacht?

Das Bett

Was ergibt 3 x 7?

Feinen Sand

Mama fragt Lilli: „Was ist die Befehlsform von ‚schweigen'?"
Lilli kichert: „Psst!"

Für welchen Bart gibt es keinen Rasierapparat?
Für den Schlüsselbart

Was ist schlimmer als ein Tag Fernsehverbot?
Zwei Tage Fernsehverbot

Was ist schwerer: ein Pfund Blei oder ein Pfund Federn?

Beides wiegt ein Pfund und ist somit gleich schwer.

Welcher Schuh hat keine Sohle?

Der Handschuh

Was geht übers Wasser und wird nicht nass?

Die Brücke

Was muss man tun, bevor man aus einem Zug aussteigen kann?

Einsteigen

Warum haben Polizisten immer eine Schere dabei?

Damit sie den Verbrechern den Weg abschneiden können.

Zwei Männer fallen ins Wasser. Der eine hat nasse Haare, der andere nicht. Wieso?

Er hat eine Glatze.

Wer hat Federn und doch keine Flügel?

Das Kissen

**Das ist Lillis Lieblings-
Scherzfrage:
Warum ist Rätselraten
gefährlich?**

Weil man sich beim Raten den Kopf
zerbrechen kann

**Wie wird aus einem Vokal und
einem Himmelskörper ein Fest?**
„O" und „Stern" ergibt „Ostern".

Einige Monate haben 30
Tage, andere haben 31 Tage.
Doch wie viele Monate haben
28 Tage?
Alle

Warum sitzen immer zwei Leute in einem Hubschrauber?

Der eine hupt, der andere schraubt.

Mit welchem Besen kann man nicht kehren?

Mit dem Schneebesen

Welches sind die kleinsten Schützen?

Die ABC-Schützen

Was hängt an der Wand und gibt jedem die Hand?

Das Handtuch

Ich hab was in der Tasche und hab doch nichts drin. Was ist das?
Ein Loch

Ein Lastwagen fährt mit 80 km/h durch die Rechtskurve. Welches Rad wird dabei am wenigsten belastet?
Das Reserverad

Welcher Stuhl bewegt sich auf und ab?
Der Fahrstuhl

KNISTERnde Spannung

Für den Arena Verlag habe ich inzwischen einen ganzen Stapel spannender Bücher verfasst:

Hexe Lilli

Mit vielen Büchern aus der Erfolgsserie – Erstlesern, Sachbüchern, Kinderromanen, Beschäftigungsbüchern, Hexe Lilli auf Englisch und vielen Fanartikeln

Guten Tag.

Ich bin KNISTER, der die Hexe Lilli geschrieben hat. Ich möchte euch gerne mehr über meine Bücher erzählen. Die schreibe ich übrigens zu Hause oder auf einem Segelboot.

KNISTER im Internet!
Mit KNISTER Spieleseiten!

www.knister.com
www.arena-verlag.de

- Bröselmann und das Steinzeit-Ei
- Wo ist mein Schuh? fragt die Kuh
- Knuspermaus im Weihnachtshaus
- Teppichpiloten jagen durch die Zeiten
- Teppichpiloten – Turboschnelle Abenteuer
- Wer verflixt ist Yoko?
- Yoko und die Gruselnacht im Klassenzimmer
- Yoko mischt die Schule auf
- Die Sockensuchmaschine
- Willi Wirsing
- Der Krimi vom Weihnachtsmann
- Die Reiter des eisernen Drachen
- Knister für die Schule – Unterrichtserarbeitungen

Arena

Viel Vergnügen mit  Hexe Lilli

Seit Lilli das Zauberbuch hat, gerät sie von einem Abenteuer in das andere.
Jeder Kinderroman enthält viele Bilder und Lillis beste Zaubertricks im Anhang!

Ab 8 Jahren. 96 bis 144 Seiten. Format 15,9 x 21,1 cm.
Gebunden. Durchgehend illustriert von Birgit Rieger.

HALLO!
Ich bin die Hexe Lilli.
Besucht mich doch im
INTERNET, und schreibt mir
in mein geheimes Hexenbuch.
Ich freu mich drauf!

Hexe Lilli stellt die Schule auf den Kopf
Hexe Lilli macht Zauberquatsch
Hexe Lilli und der Zirkuszauber
Hexe Lilli bei den Piraten
Hexe Lilli und der Weihnachtszauber
Hexe Lilli wird Detektivin
Hexe Lilli im wilden Wilden Westen
Hexe Lilli und das wilde Indianerabenteuer
Hexe Lilli im Fußballfieber
Hexe Lilli und das Geheimnis der Mumie
Hexe Lilli und das Geheimnis der versunkenen Welt
Hexe Lilli und das magische Schwert
Hexe Lilli auf Schloss Dracula
Hexe Lilli auf der Jagd nach dem verlorenen Schatz
Hexe Lilli und der Ritter auf Zeitreise
Hexe Lilli und der schreckhafte Wikinger
Hexe Lilli im Land der Dinosaurier
Hexe Lilli fliegt zum Mond
Hexe Lilli und das Buch des Drachen
Hexe Lilli und Hektors verzwickte Drachenprüfung
Hexe Lillis geheime Zauberschule
Hexe-Lilli-Fan-Artikel

Die Hexe-Lilli-Geschichten gibt es auch auf
Kassette und CD von Igel Records und BMG!

Arena   www.arena-verlag.de
         www.knister.com

Hexe Lilli für Erstleser

978-3-401-08999-7

978-3-401-09170-9

978-3-401-08791-7

978-3-401-08900-3

978-3-401-07544-0

978-3-401-08647-7

978-3-401-07421-4

978-3-401-09368-0

978-3-401-09170-9

Jeder Band:
Gebunden. Durchgehend farbig
illustriert von Birgit Rieger.
Mit Hexe Lilli Figur am Lesebändchen.

www.arena-verlag.de
www.knister.com

In diesen verrückten Quizblöcken beantwortet Hexe Lilli alle Fragen, auf die du schon immer eine Antwort haben wolltest und die in keinem Schulbuch stehen. Und damit es richtig spannend wird, sind immer zwei Lösungen dabei, die geflunkert sind. Wer findet die richtige Antwort?

Jeder Block: 100 Seiten • Format 8 x 13 cm • Spiralbindung • Durchgehend farbig.

Ein Fanbuch der besonderen Art mit Steckbriefen von Lilli und ihren abenteuerlichen Freunden, Lillis geheimen Zaubertricks und den witzigsten Zaubersprüchen, Geheimschriften, Lieblingsrezepten, Ideen für Hexenpartys und vieles mehr. Nicht zu vergessen das ultra-superschwere Expertenquiz.

104 Seiten.
Format 10,5 x 16,5 cm.
Gebunden.
Durchgehend farbig illustriert
von Birgit Rieger.

Arena

www.arena-verlag.de
www.knister.com

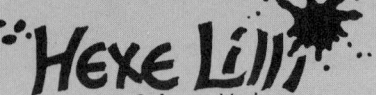

Hexe Lilli Taschenbücher

Englisch lernen mit Hexe Lilli

KNISTERs witzige Geschichten von Hexe Lilli in einer einfachen, lesedidaktisch erprobten englischen Fassung, die sofort zu einem Erfolgserlebnis führt. Sollte doch einmal ein Wort zum Verständnis noch fehlen, hilft ein kleines Vokabular zu den einzelnen Kapiteln am Ende des Buches, zusammengestellt von einer erfahrenen Englischlehrerin.

ISBN 978-3-401-02850-7

ISBN 978-3-401-02425-7

Jeder Band:
ArenaTaschenbuch.
Mit vielen Illustrationen von Birgit Rieger.

Arena

www.arena-verlag.de
www.knister.com